LE BALLET

EXTRAVAGANT.

COMEDIE.

A PARIS,

Chez THOMAS GUILLAIN, à
la descente du Pont-neuf, prés les
Augustins, à l'Image S. Loüis.

M. DC. XCIV.

Avec Privilege du Roy.

Extrait du Privilege du Roy.

PAR Grace & Privilege du Roy , donné à Paris le 30. Janvier 1693. Signé, Par le Roy en son Conseil, GAMART. Il est permis à THOMAS GUILLAIN de faire imprimer , vendre & debiter les Oeuvres de Theâtre du Sieur P * * pendant le temps de six années, à compter du jour qu'elles seront imprimées pour la première fois, pendant lequel temps tres-expresses inhibitions & deffenses sont faites à toutes personnes de quelque qualité & condition qu'elles soient, de faire imprimer , vendre ni debiter lesdites Pieces de Theâtre d'autre Edition que de celle de l'exposant ou de ceux qui auront droit de lui, à peine de trois mille livres d'amende, de confiscation des Exemplaires contrefaits , & de tous dépens, dommages & interests , & autres peines portées plus au long par lesdites Lettres de Privilege.

Registré sur le Livre de la Communauté des Libraires & Imprimeurs de Paris , le 4. d'Avril 1693.

Signé , P. *AUBOUYN* , *Syndic.*

Achevé d'imprimer pour la premiere fois , le 27. Juin 1694.

ACTEURS.

ORONTE.

JULIE, Sa Femme.

ANGELIQUE,
MARIANE, } Leurs Filles.

TOINETTE, Leur Servante.

CLITANDRE,
DORANTE, } Amans des deux Filles.

DES RONDEAUX,
LA RIVIERE, } Leurs Valets.

DEUX TROMPETTES.

CARISALTE, Commissaire ami d'Oronte.

UN LAQUAIS.

La Scene est à Paris.

LE BALLET
EXTRAVAGANT.
COMEDIE.

SCENE PREMIERE.

ORONTE, CHRISALTE.

ORONTE *en habit d'Armenien.*

N un mot, Monsieur mon cher Chrisalte, depuis deux ans que vous n'avez reçû de mes nouvelles, & que je passe pour mort dans ma Famille, l'entêtement que ma Femme a toujours eu pour les spectacles a dégeneré en folie.

A iij

CHRISALTE.

Pourquoi donc la tant ménager? pourquoi ce déguisement , & que ne faites-vous l'éclat qu'elle merite?

ORONTE.

Un éclat feroit évader ces deux favoris, dont elle est la vache à lait depuis long-temps, & dont je veux me saisir aujourd'hui, si je puis.

CHRISALTE.

Et de quel droit vous en saisir?

ORONTE.

Comment de quel droit? il y a plus d'un mois qu'ils sont logez & nourris ceans comme de grands Seigneurs pour leurs pretenduës qualitez , l'un de Maistre à danser, l'autre de Musicien & de Poëte.

CHRISALTE.

Peut-être le sont-ils veritablement.

ORONTE.

Point du tout. Il y en a un au contraire que l'on soupçonne de n'être qu'un miserable valet de quelque malheureux Officier de Cavallerie, qui cherche peut-être des duppes pour faire sa Compagnie , & vous voulez que je souffre que cette folle ruine mes filles.

CHRISALTE.

Est-ce les ruiner que de les faire bien

élever, que de leur donner des Maiſtres...

ORONTE.

Mais ces Maiſtres ſupoſez, luy ont mis.
dans la teſte d'entreprendre un Opera,
pour l'aller promener dans les Provinces.

CHRISALTE.

Ho certes.....

ORONTE.

N'eſt-ce pas le grand chemin de diſſi-
per en moins d'une année le peu de bien
que mes travaux & mes voyages m'ont
fait amaſſer dans l'eſperance de marier
avantageuſement mes filles ? Helas ! vous
connoiſſez la Famille de Clitandre & de
Dorante.

CHRISALTE.

Comme la vôtre, pourquoi ?

ORONTE.

Ils recherchoient mes filles, j'en étois
ravi, & ſans mon malheureux voyage...

CHRISALTE.

Je vois bien..... Mais vous voila de
retour à propos, vous y ſerez encore en
temps.

ORONTE.

Je ne ſçai.

CHRISALTE.

Mais qui vous en a déja tant appris, &
comment ſçavez-vous que vôtre femme
fait des dépenſes & des diſſipations ?

ORONTE.

Il y a deux ou trois jours qu'à la faveur de mon déguisement je loge dans cet Hôtel avec elle, j'ai gagné un certain domestique de la maison qui me raporte, pour mon argent, tout ce qu'elle fait, & Toinette même sa fille de chambre qui ne m'avoit jamais vû, & qui est malicieuse, mocqueuse & plaisante, jugeant par la curiosité que j'ai de m'informer de ce qui se passe chez ses Maistresses que je suis amoureux de quelqu'une d'elle, me dit de son côté pour se divertir de moi seulement, des choses qu'elle croit sans consequence, & dont je ne laisse pas d'en tirer de fortes.

CHRISALTE.

Toinette aime à rire, & ce valet vous trompe peut-être.

ORONTE.

Il est trop ingenu ; il m'a même averti que ces fripons ont quelques desseins d'enlever mes filles, c'est pourquoi ma resolution est prise, & je vous prie de me servir en ami.

CHRISALTE.

Quand la charge de Commissaire que j'ai achetée depuis que nous ne nous sommes veus, ne m'auroit produit que cette occasion, je m'estimerois trop heureux...

ORONTE.

Je vous ſuis obligé, voila pourquoi j'ai ſouhaité que vous vinſſiez ici pour recon-noître les lieux.

CHRISALTE.

Cela eſt tout vû.

ORONTE.

Cette ſalle eſt commune à deux ou trois apartemens.

CHRISALTE.

Tant mieux.

ORONTE.

Voila celui de ma femme & de mes filles.

CHISALTE.

Fort bien.

ORONTE.

Voila la chambre des deux fourbes en queſtion, ils ne ſçauroient nous échaper.

CHRISALTE.

Aſſurément, & vous pouvez, mon cher Oronte, vous repoſer entierement ſur mes ſoins.

ORONTE.

Adieu, laiſſez-moi ſeul. Il me ſemble que j'entens Toinette, elle aura peut être quelque nouveauté à m'apprendre, re-tirez-vous, c'eſt elle-même. Si j'ai beſoin de vous, je ſçai bien où vous retrouver.

CHRISALTE.

Serviteur.

SCENE II.

TOINETTE, ORONTE.

TOINETTE.

AH, ah, je vous retrouve toujours; vous ne bougez donc de ceans?

ORONTE.

Vous voyez.

TOINETTE.

Hé bien, ne cesserez-vous jamais d'être taciturne? il y a pourtant dequoi se divertir mieux dans nôtre seul Faubourg, que dans toute vôtre Armenie.

ORONTE.

Je le crois.

TOINETTE.

Courage, Seigneur Dom Japhet le tenebreux, faites comme nous qui n'avons en teste que joye, allegresse, réjoüissance, argent & bonne chere.

ORONTE.

Tout le monde est-il devenu fou chez vous?

TOINETTE.

Vous l'eſtes bien davantage, d'aller courir les mers pour quelque petit profit tres-
incertain, nous allons nous gagner de l'argent ſans danger , & en terre ferme.

ORONTE.

Comment ?

TOINETTE.

En riant , chantant & danſant.

ORONTE.

Mais , Toinette . . . .

TOINETTE.

Je vous trouve bien famil[l]ier de m'appeller Toinette , donnez-moi s'il vous
plaiſt de la Damoiſelle gros comme le bras.
J'aſpire à devenir Danſeuſe de l'Opera,
& ſi cela arrive, j'eſpere que nous ferons
parler de nous comme les autres.

ORONTE.

Vous vous mocquez.

TOINETTE.

Non ſerieuſement. Madame Julie a fait
ſocieté avec Meſſieurs de la Riviere & des
Rondeaux , ils vont au premier jour mettre un Opera ſur pied , & le voiturer de
contrée en contrée. Dés ce ſoir elle leur
avance pour cela mille piſtoles.

ORONTE.

Quoi, elle donnera mille piſtoles ?

TOINETTE.

Vrayment c'eſt pour s'enrichir, la peſte qu'elle eſt fine. Que croyez-vous, elle ne fait ſi bien apprendre à chanter & à danſer à ſes filles, que dans la veuë de leur faire faire les premiers roolles dans ſon Opera ?

ORONTE.

Quelle extravagance !

TOINETTE.

C'eſt une adroite, vous dis-je, elle en ſçait bien plus long que nôtre pauvre deffunt Monſieur Oronte ; on dit que c'étoit un bon homme, mais petit genie. Pour elle, ha, ha, elle ne veut que des Danſeurs & des Chanteurs pour gendres. Que cela ſera joli de voir une Accademie compoſée preſque d'une ſeule famille !

ORONTE *bas.*

Je l'en empeſcherai bien.

TOINETTE.

Qu'avez-vous ? eſtes-vous jaloux de la fortune que nous allons faire ? Vous y aurez vôtre part ſi vous voulez, j'ai aſſez de credit dans nôtre Accademie pour vous y faire vendre du caffé.

ORONTE.

Je vous remercie.

TOINETTE.

TOINETTE.

J'y ferai joindre encore les livres & la bougie , les arboutans de nôtre Opera ne me sçauroient rien refuser.

ORONTE.

Vous pouvez donc toute chose sur l'esprit de Julie ?

TOINETTE.

Qu'est-il besoin ? quoi vous croyez que ce soit elle qui soit la Maîstresse ?

ORONTE.

Eh qui donc ?

TOINETTE.

Qui ? Messieurs des Rondeaux & de la Riviere. Enfin Madame Julie sera la Maîtresse pour payer seulement , mais pour le reste , je crois franchement que nous le sommes tous.

ORONTE.

Quel aveuglement ! & que fait Julie à l'heure qu'il est ?

TOINETTE.

Elle est avec Monsieur Rondeaux qui lui parle de Philosophie, de Metamorphose , de vers ; mais je m'arreste trop , & je dois aller dans l'apartement de Monsieur de la Riviere ; adieu Monsieur de la Chocolatiere.

SCENE III.

ORONTE *seul.*

JUste Ciel ! que dois-je faire ? suivrai-je le transport qui m'agite ? Non, suspendons mon ressentiment, & puisque je me suis contraint jusques ici, allons retrouver Chrisalte, & prenons avec lui les mesures necessaires pour empescher ce detestable projet. Mais que veulent ces gens ?

SCENE IV.

DEUX TROMPETTES, ORONTE.

I. TROMPETTE.

SErviteur, Seigneur Armenien, estes-vous François ?

ORONTE.

Selon.

II. TROMPETTE.
C'eſt à dire ſi vous entendez nôtre lan-
gue ?

ORONTE.
Quelquefois.

I. TROMPETTE.
Connoiſſez-vous quelqu'un dans ce
logis?

ORONTE.
Peut-eſtre.

II. TROMPETTE.
N'eſt-ce pas ici que demeure une femme
qui n'eſt pas mal folle ?

ORONTE.
Pourquoi ?

II. TROMPETTE.
C'eſt qu'ils ont à leurs trouſſes deux Cavaliers qui les couchent en jouë.

I. TROMPETTE.
Et ce ſont ces deux Cavaliers que nous
cherchons.

ORONTE *voyant paroître la Riviere & Toinette.*
Tenez, je crois que ce Monſieur vous en
pourra dire des nouvelles. *Bas.* C'eſt aſſurément un de mes fourbes , retirons-nous,
& faiſons obſerver au tour du logis ce
qui ſe paſſera.

SCENE V.

LA RIVIERE , TOINETTE, LES DEUX TROMPETTES.

I. TROMPETTE.

NOus te trouvons à la fin , mon Prince.

LA RIVIERE.

Pour vous servir, mes enfans.

II. TROMPETTE.

Il y a long-temps que nous te cherchons.

LA RIVIERE.

Il y a long-temps que je vous attend.

TOINETTE.

Qui sont ces gens-là ?

LA RIVIERE.

Ce sont nos deux Trompettes que je fais venir ici , pour nous prester main forte en cas de besoin ; nous pouvons nous confier à eux, ils sont resolus & discrets.

TOINETTE.

Bon , des Trompettes discrets.

I. TROMPETTE.

Sont-ce-là tes amours ?

LA RIVIERE.

N'en vaut-elle pas bien la peine ? que t'en semble ?

II. TROMPETTE.

Allons, Camarade.

LA RIVIERE.

Que voulez-vous faire ?

I. TROMPETTE.

Sonner une petite fanfare.

TOINETTE.

J'ai bien affaire d'estre trompettée.

II. TROMPETTE.

Ce fera à la fourdine, & la ferenade ne lui coûtera que bouteille.

LA RIVIERE.

J'aime mieux vous en payer fix une autrefois, & que vous ne faffiez point de bruit prefentement. Voila ma chambre, allez-y tous deux, vous y trouvez vos Capitaines ; vous fçaurez à quoi vous leur ferez neceffaire. Dites-leur que nous allons travailler pour eux Toinette & moi, & qu'ils ne s'impatientent pas.

II. TROMPETTE.

C'eft affez.

SCENE VI.

LA RIVIERE, TOINETTE,
TOINETTE.

NOs amoureux font donc bien in-quiets ?

LA RIVIERE.

Ma foi fans ma rethorique , je crois qu'ils fe feroient jettez par les feneftres.

TOINETTE.

Qu'ils s'en gardent bien , ils gâteroient leurs affaires.

LA RIVIERE.

Et encore plus leur raille ; mais parlons ferieufement , que fait Madame Julie ?

TOINETTE.

Faut-il le demander; elle eft avec Mon-fieur des Rondeaux qui l'enjole , & qui gagne bien, je t'affure, l'argent que tu lui as promis.

LA RIVIERE.

N'eft-il pas vrai que c'eft une homme univerfel ?

TOINETTE.

Ce n'eſt pas d'aujourd'hui que je le con-
nois, nous nous ſommes veus en Langue-
doc.

LA RIVIERE.

Figures-toi donc ce que c'eſt qu'un
Normand, nourriture de Gaſcogne.

TOINETTE.

Diantre !

LA RIVIERE.

Mais que dirai-je à nos Amans ? ils ſont
diablement preſſez.

TOINETTE.

Qu'ils ſe donnent patience, ils ne peu-
vent voir mes jeunes Maiſtreſſes que leur
mere ne ſoit ſortie.

LA RIVIERE.

C'eſt ce que j'ai tâché de leur faire entendre.

TOINETTE.

Les voila bien malades de ſe contrain-
dre un moment pour leur propre intereſt,
nous nous contraignons bien pour leur
rendre ſervice depuis un mois.

LA RIVIERE.

Voila à peu prés les termes dont je me
ſuis ſervi pour les perſuader.

TOINETTE.

Les beaux eſprits ſe rencontrent comme tu vois.

LA RIVIERE.

Tu n'en manque pas , mais tu n'en à pas tant que moi.

TOINETTE.

Ce n'est pas d'aujourd'hui que je le sçais.

LA RIVIERE.

Peu de gens m'égallent en vivacité , & si sans vanité je n'en fais pas trophée.

TOINETTE.

En prenant la figure d'un Maistre à danser , vous n'en avez pas pris tous les apanages , & l'on void bien que la modestie est une de vos bonnes qualitez.

LA RIVIERE.

Mais vous ironisez la belle.

TOINETTE.

Moi ? point du tout , je dis ce que je pense.

LA RIVIERE.

Malgré vôtre raillerie trouvez encore dans Paris un valet , qui pour servir son Maistre s'introduise auprés de sa Maitresse en qualité de Maître à danser , & qui puisse soûtenir pendant un mois ce noble caractere.

TOINETTE.

Oh tant de presomption me fait perdre patience. Diroit-on pas à t'entendre par-

ler que tu fçais la magie noire ? Je m'en
vais parier moi, que fi j'étois vêtuë en
homme, je ferois....je ferois aufli bien que
toi ton perfonnage.

LA RIVIERE.

Qui, toi ? je voudrois bien t'y voir.

TOINETTE.

Et qu'y a-t-il en cela de difficile ? Entrer familierement à toute heure chez de
jolies perfonnes, leur faire faire deux ou
trois tours dans une chambre bien parque-
tée, leur prendre les bras, leur mettre la
main tantôt fous le menton, & tantôt fur
l'épaule, marmotter un air, fe dandiner,
frifer un pied ; faire un fault, une gamba-
de, une pirouëte, une profonde reveren-
ce ; dire doucereufement deux ou trois fottifes, & prendre en s'en allant negligem-
ment fes billets. Car franchement tu n'eft
Maître à danfer que pour les billets.

LA RIVIERE.

Que tu es pefte. Mais au fonds crois-tu
que je fois le feul de la profeffion qui me
mêle de ce petit negoce ?

TOINETTE.

Hé que non ; & que ces Meffieurs feroient moins dorez qu'ils ne le font, s'il
ne leur étoit jamais paffé par les mains
d'autres billets, que ceux qui fervent de

marques pour leurs leçons. Crois-moi,
ne te vante pas tant, des Rondeaux fait
encore plus que toi, & Julie jureroit qu'il
eſt grand Muſicien & grand Poëte.

LA RIVIERE.

Belle comparaiſon. Pour paroître Poëte
ou Muſicien, il n'y a qu'à étre fou, &
quand on veut paroître tous les deux enſemble, il faut un peu redoubler la doſe;
mais pour la danſe, il faut payer de ſa
perſonne ; il faut eſtre bien faits, belles
jambes, beaux bras, bel eſtomach, bon
air ; enfin il faut avoir mille belles qualitez qui ſe rencontrent en moi.

TOINETTE.

Eh laiſſons ces bagatelles pour des choſes plus importantes. Clitandre & Dorante ſont árrivez d'hier au ſoir ?

LA RIVIERE.

Ouï , d'hier au ſoir, dans l'eſperance
d'enlever leurs Maîtreſſes comme nous
leur avons mandé.

TOINETTE.

Ouï, mais je ne crois pas qu'elles ſoient
d'auſſi bonne volonté que nous. Le mot
d'enlevement les effarouche, & la pudeur
leur fait faire des reflexions qui ne ſont pas
à nôtre avantage.

LA RIVIERE.

Elles n'ont pourtant point de meilleur parti à prendre, & tu dois être la premiere à les y résoudre, si tu veux conserver quelque esperance de me posseder.

TOINETTE.

Un si haut prix me feroit entreprendre des choses encore plus perilleuses.

LA RIVIERE.

La presence de leurs Amans poura les déterminer.

TOINETTE.

Je n'attens pour cela que la sortie de leur mere. La voici heureusement avec des Rondeaux ; amusez-la tous deux ici , je vais cependant mener ton Maître & Clitandre chez mes Maîtresses, & me joindre à eux pour tâcher de les persuader. Faites milles contes à dormir de bout à Julie, étourdissez-la de vos balivernes ; voyez en quel danger je serois, si elle venoit à rentrer.

SCENE VII.

JULIE, DES RONDEAUX, LA RIVIERE.

JULIE.

J'Avois impatience de vous revoir, Monsieur de la Riviere, je veux sçavoir de vous, si vous pouvez avoir toutes choses prestes pour partir dans trois jours.

LA RIVIERE.

Tout est prest, Madame, & il ne nous manque plus rien que de l'argent.

JULIE.

J'attens mon Procureur pour aller recevoir mille pistoles, que je vous mettrai aussi-tost entre les mains ; mais avez-vous tous vos danseurs, vos chanteurs , & vos simphonistes ?

LA RIVIERE.

J'ai mes principales voix. Vous avez paru satisfaite de toutes celles que je vous ai fait entendre , quant aux chœurs les Provinces ne nous fourniront que trop de sujets pour les remplir, & pour des violons

ons, & autres inſtrumens, il ſe preſente à moi tous les jours dequoi peupler cinq ou ſix Orcheſtres.

JULIE..

Et les habits?

LA RIVIERE.

Je crois que nous aurons aſſez de ceux qui ſont déja dans ma chambre, on ne ſe pique pas aujourd'hui qu'ils ſoient entierement neufs.

JULIE.

Nous venons preſentement Monſieur des Rondeaux & moi de dreſſer les articles de nôtre ſocieté, je vais vous les querir afin que vous les examiniez.

LA RIVIERE.

Non, Madame, ne vous donnez point cette peine, je les ſignerai tantôt aveuglément aprés que je vous aurai donné un plat de mon mêtier, & que vous aurez vû le Ballet que vous ſouhaitez.

JULIE.

Quelque remplie que je ſois des belles choſes que Monſieur vient de me lire, je m'appreſte encore à vous admirer.

LA RIVIERE.

Ah! Madame, pour Monſieur, vous ne pouvez m'en rien dire que je ne connoiſſe à fond. C'eſt le premier homme du monde pour la composition, auffi bien que pour les paroles, & le plus beau morceau d'Opera que j'aye jamais vû de ma vie ; c'eft fans doute fon Dialogue de Pierre de Provence avec la belle Maguelonne.

DES RONDEAUX.

Parlez de vous, Monfieur de la Riviere, parlez de vous. Ouï, Madame, voila le premier des genies pour donner une cadance, des attitudes, & des mouvemens à toutes chofes ; il n'eft pas jufques aux plus abftraites qu'il ne rende fenfibles, quand il les expofe fur le theâtre. Par exemple, y a-t-il rien de plus furprenant que ce qu'il a efté inventer pour mon Opera de Clelie dans toutes les ingenieufes entrées des habitans de Tendre, dont j'avois tout à l'heure l'honneur de vous entretenir? C'eft bien autre chofe vrayment que des fauts de lutins, que des tricotez de Dieux des eaux, ou des paffecailles de divinitez champeftres. Grace à la fublimité de l'imagination de Monfieur, nouvelle amitié, jolis vers, billets doux, petits foins, refpects, empreffemens, foûpirs & defirs temeraires, tout cela danfe, Madame.

LA RIVIERE.

Quand il feroit vrai que j'aurois quel-

que talent pour cela, encore seroit-ce l'u-
nique ; mais vous, Monsieur, vous joignēz
l'excellence de la magique au cromatique
de la Poësie.

DES RONDEAUX.

Je me mêle de trop de choses pour
réüssir à pas une.

LA RIVIERE.

Eh fy, à quoi sert cette modestie ? Il ne
faudra pour preuve de ce que je dis, que
voir vôtre Opera d'Alemene. Figurez-
vous, Madame, qu'il la fait accoucher
sur le theâtre. Jusques ici on n'a fait chanter que des amans, des furieux, des geans,
& des damnez tout au plus ; mais que di-
ra-t-on quand on entendra une femme
en travail d'enfant exprimer par son chant
ses douleurs & ses tranchées ? Y a-t-il
qu'un des Rondeaux au monde qui peut
mettre en musique les cris d'une femme
qui accouche.

DES RONDEAUX.

Ce n'est rien au prix de ce que vous a
fourni vôtre invention dans mon divertissement des sectes de Philosophes, & vous
en jugerez, Madame, quand vous verrez
qu'il y fait danser les idées de Platon, &
les ombres de Pitagore.

JULIE.

Hé mon Dieu, je suis toute ravie de vous entendre. Vous mettez donc toutes choses en Opera ?

DES RONDEAUX.

Je le crois bien, Madame. Je ne veux pas qu'on sorte vuide de mes spectacles, & je pretens qu'on en rapporte autre chose que des chansons.

LA RIVIERE.

Il est vrai que rien n'affadit le cœur comme d'entendre un tas de jeunes évaporez & de femmes étourdies, qui ne font autre chose en sortant d'un Opera que bourdonner, je vais partir, belle Hermione.....& quelque tronçon de chant qu'ils auront retenu.

DES RONDEAUX.

La Comedie se vantera d'instruire, & l'Opera n'aura pas cette avantage ? Je prétens former l'esprit & les mœurs dans les miens, & qu'on y apprenne Fable, Histoire, Science, Arts, Philosophie, Astrologie, Mathématiques & Morale.

JULIE.

Oh que cela sera beau, & d'une grande utilité !

DES RONDEAUX.

Vous mocquez-vous ; par tout où nous

établirons nôtre Accademie , on poura , si l'on veut , supprimer les Colleges.

JULIE.

Est-il possible ?

DES RONDEAUX.

Ouï , Madame , je vous soutiens qu'on n'apprend rien dans les Colleges qu'on n'apprenne plus agreablement dans nôtre Opera.

JULIE.

Quel plaisir pour la Jeunesse !

DES RONDEAUX.

En un mot , Madame , j'ai raffiné sur tout ce qui a esté fait jusqu'à present dans ce genre , & pour l'interest & pour la gloire. Dans cette double vûë , je n'ai point fait d'Opera qui dure moins de six jours : j'ai remarqué qu'il y a plusieurs personnes assez ménageres pour se contenter de voir chaque Opera une seule fois.

LA RIVIERE.

On sera obligé de venir aux nostres six fois pour le moins , si l'on les veut voir tous entiers.

DES RONDEAUX.

Nous en donnerons le Prologue le Lundy , le Mardy le premier Acte , & ainsi du reste.

SCENE VIII.

TOINETTE, JULIE, DES RONDEAUX, LA RIVIERE.

TOINETTE.

JAsmin est de retour Madame, & vostre Procureur est là bas dans le carosse.

JULIE.

Je vais descendre, & luy épargner la peine de monter ; je vous prie, Messieurs, que tout soit prest à mon retour pour le Ballet ; je brûle d'envie de voir cet essay de vostre capacité, ensuitte je vous mettrez entre les mains les mille pistoles que je vais toucher.

SCENE IX.

DES RONDEAUX, LA RIVIERE,

DES RONDEAUX.

IL me semble que nous allons insensiblement nous engager dans une méchante affaire.

LA RIVIERE.

As-tu peur.

DES RONDEAUX.

Moy, non ?

LA RIVIERE.

Mais tu tremble, n'est-ce pas ; cela n'est pas extraordinaire. Les Muses ne sont pas courageuses, & qui en possede deux comme toy, doit avoir peur à proportion ; cependant nous sommes trop avancez pour reculer.

DES RONDEAUX.

Je ne dis pas qui faille reculer, mais au moins ne devrions-nous rien entreprendre à la legere, & il seroit bon que nous fussions bien accompagnez.

LA RIVIERE.

Ah, poltron, je ne t'ay jamais reconnu si Poëte ; Va, va, j'ay pourveu à tout ; Et nos deux Trompettes.

SCENE X.

TOINETTE , DES RONDEAUX LA RIVIERE.

TOINETTE.

SA crainte & ses précautions sont inutiles.

LA RIVIERE.

Pourquoy ?

TOINETTE.

Ces innocents ne veulent point , à
quelque prix que ce soit , consentir à l'enlevement ; mais les voicy tous ensemble,
taschons encore de les convertir.

SCENE. XI.

**MARIANE, ANGELIQUE, CLITAN-
DRE, DORANTE, LA RIVIERE,
DES RONDEAUX, TOINETTE.**

ANGELIQUE.

NOn , Dorante , je n'y confentiray
jamais.

DORANTE.

Belle Angelique.

MARIANE.

Vous n'obtiendrez jamais de moy cet
aveu Clitandre.

CLITANDRE.

Charmante Mariane.

DORANTE.

Vous m'allez defefperer.

ANGELIQUE.

Je vous imiteray.

CLITANDRE.

Vous me ferez mourir.

MARIANE.

Je ne vous furvivray pas.

LA RIVIERE.

Voila ce qui s'appelle une entrée par-
lante.

TOINETTE.

Voila ce qui s'appelle des fottifes ; hé
mort de vie , il fied bien à des Officiers de
foûpirer comme des benets, vous merite-
riez d'eftre caffez : Allez, vous deshonno-
rez les trouppes ; & vous, pouvez-vous entendre tous deux tant de fottife fans rien
dire.

LA RIVIERE.

Que veux-tu que nous difions , pour
moy les bras me tombent.

DES RONDEAUX.

Moy , je fongeois que l'on feroit une
belle Scene de ce defefpoir amoureux.

TOINETTE.

Pefte foit du pacte de l'indolent , & des
amoureux tranfis ; je void qu'il faut que
je me mefle un peu de tout cecy : ç'a dequoy s'agit-il ?

LES 4. AMANS *enfemble.*

Ne le fuis-tu pas.

TOINETTE.

Quoy ! tous enfemble ?

DES RONDEAUX.

C'en feroit affez pour un chœur d'O-
pera.

TOINETTE.

Parlons l'un aprés l'autre , dequoy vous plaignez-vous, je vous choisis, vous, pour porter la parole.

DORANTE.

Du peu d'estime & de confiance qu'elle nous marquent en ne voulant pas nous suivre.

TOINETTE.

Elles n'ont pas raison ; Et vous quels sont vos griefs , répondez-nous qui estes l'aisnée.

ANGELIQUE.

Ils ont l'indiscretion de nous proposer un enlevement.

TOINETTE.

Ils ont tort ? est-ce qu'on propose des enlevemens aux personnes qui nous ai_ment ; cependant laissez-moy faire , je tascheray d'accomoder tout cecy, venons au fait : N'aimez-vous point cette De_moiselle.

DORANTE.

En peux-tu douter ?

TOINETTE.

Non assurément , n'estimez-vous pas beaucoup ces Messieurs.

ANGELIQUE.

Juges-en par nostre chagrin.

TOINETTE.

Cela se voit, ne feriez-vous pas tou
voftre bon-heur de les poffeder.

DORANTE.

C'eft tout ce que nous fouhaittons a
monde.

TOINETTE.

Fort bien, & vous ne feriez-vous p
bien aife de les avoir pour époux.

ANGELIQUE.

Ouy par toute autre voye que celle d
l'enlevement.

TOINETTE.

Oh ! il n'y faut plus fonger ; mais fi j
vous propofe quelqn'autre expedient ho
nefte, me promettez-vous de faire ce qu
je vous diray.

ANGELIQUE.

De tout noftre cœur.

TOINETTE.

Ah ! voila qui va bien, il faut comme
cer pour fortir d'icy.

ANGELIQUE.

Quoy ?

TOINETTE.

Ne vous allarmé pas, il faut fortir d
cy, aller fe promener aux Tuilleries,
delà nous irons où noftre deftinée n
conduira.

MARIAN

MARIANE.

Et quelle difference fais-tu de cette promenade à un enlevement ?

TOINETTE.

Et quelle ressemblance trouvez-vous d'un enlevement à une promenade ; sortons d'icy, vous dis-je, & tout-à-l'heure: Vostre mere ne nous a donné que ce temps-cy pour songer à nos affaires, profitons-en ; & quand nous nous serons promenez un jour ou deux, nous trouverons bien des expediens pour avoir son consentement de force ou de gré.

ANGELIQUE.

Mais où irons-nous ?

TOINETTE.

N'avez-vous pas icy vostre tante, Monsieur n'a-t'il pas sa mere: au pis aller, le monde n'est-il pas plein de Convents, ne perdons point de temps en paroles inutiles : La Riviere va chercher des carosses.

LA RIVIERE.

J'y cours ?

ANGELIQUE.

Attendez, où courez-vous.

TOINETTE.

Si vous ne profitez de cette occasion, vous courez risque de vous voir quelques jours conjointe à quelque dies is, & vô-

D

tre sœur à quelque piroüete à six tours ; &
dailleurs , ne suivez-vous pas les inten-
tion de voſtre pere , qui eſtoit mille fois
plus raiſonnable que voſtre mere.

DES RONDEAUX.

Pour ne point perdre de temps , je vais
faire ma male.

TOINETTE.

Rien ne te preſſe , l'equipage d'un Poëte eſt bien-toſt fait.

SCENE XII.

MARIANE, ANGELIQUE, CLITANDRE.

LA RIVIERE.

NOus ne ſçaurions plus ſortir, voſtre
mere eſt là bas , elle ne s'arreſte
qu'à donner en paſſant quelques ordres
pour le Balet de ce ſoir.

CLITANDRE.

Quel revers :
TOINETTE.
Que ferons-nous ?

LA RIVIERE.

Je ne sçais : Voila ce que c'est que de perdre du temps en paroles.

TOINETTE.

N'en perdons point encore en reflexions.

ANGELIQUE *s'en allant.*

Sortez Dorante.

DORANTE.

Mon pauvre la Riviere :

CLITANDRE.

Tirez-nous de ce mauvais pas.

LA RIVIERE.

Attendez, si leur mere a tant d'envie de voir le Balet, il faut le luy donner tant bien que mal, & nous servir de cette occasion ; c'est precisément ce que des Rondeaux me comptoit l'autre jour. Les Romains..... la guerre des Sabins.... la figure & la taille de nos Trompettes , ils sont gros & pesans, jamais vous n'en pourrez venir à bout.... Mais allez viste dans ma chambre , vous y trouverez tout ce qu'il faut , & au signal que je vous donneray vous ferez.... M'entendez-vous au moins ? allez promptement ; & dés que vous serez prests envoyez-moy des Rondeaux , il amenera ces violons que vous sçavez , & nous avertira de tout ce que vous aurez concerté. Partez.

SCENE XIII.

TOINETTE, LA RIVIERE.

TOINETTE.

JE t'admire?

LA RIVIERE.

Ah parbleu, mon enfant, je vais faire
pour nos amans & pour nous un grand ef-
fort de memoire & de bel esprit : Vivat
Toinette, tu vais voir un échantillon du
sçavoir faire de son futur époux : C'est à
vous, mon genie, a qui je m'abandonne ;
retracez moy fidellement tous les mor-
ceaux d'histoire, dont des Rondeaux &
mon Virgile travesty m'ont si souvent em-
broüillé la cervelle , & venez m'aider à
renverser par un pompeux galimatias celle
de Maistre Julie.

TOINETTE.

Prends garde à toy, la voicy.

LA RIVIERE.

Fais revenir tes Maîtresses.

SCENE XIV.

JULIE, LA RIVIERE.

JULIE.

JE reviens plûtôt que je ne m'estois promis, mon homme est à la Campagne,
& je ne sçaurois toucher de l'argent aujourd'huy ; ce qui me console, c'est que
je joüiray plutôt du plaisir de vostre Balet.

LA RIVIERE.

J'avois fait appeller Mesdemoiselles vos
filles pour en faire une repetition avant
vostre venuë ; mais puisque vous voicy,
nous commencerons tout de bon dés que
Monsieur des Rondeaux nous amenera
nostre monde : Je vais cependant vous en
dire le dessein.

SCENE XV.

MARIANE, ANGELIQUE, JULIE,
TOINETTE, LA RIVIERE.

JULIE.

ALlons, mes filles , preparons-nous à
admirer :

LA RIVIERE.

Toute l'histoire Romaine est le sujet de
l'Opera dont le Balet que vous allez voir
fait un divertissement.

JULIE.

Voila ce qu'on appelle de grands sujets ;
c'est là qu'il y aura du merveilleux & du
sublime.

LA RIVIERE.

Oh , oh ?

JULIE.

Quoy! vous representerez tout combats,
triomphes , sacrifices.

LA RIVIERE.

En doutez-vous, il me tarde que vous
entendiez le chœur des Oyes qui sauve-
rent le Capitole.

JULIE.

J'avoüe que voila qui est inoüy.

LA RIVIERE.

Ah, ah, voyez donc, je vous prie, Madame, de quels spectacles, de quels diver-
tissements, de quelles machines, & de
quelles decorations surprenantes un pareil
sujet est susceptibles.

JULIE.

Vous m'enchantez.

TOINETTE.

Quel Orvietan.

LA RIVIERE.

L'histoire d'Enée en fera le prologue
d'abord, le Theatre representera la ville
de Troye en flames : Enée paroistra por-
tant son pere sur ses épaules, tenant son
fils Ascagne par la main, & perdant dans
la confusion sa femme.

TOINETTE.

Voila le plus bel endroit de sa vie.

LA RIVIERE.

Ensuite il s'embarquera, il y aura une
tempeste, mais une tempeste à faire dres-
ser les cheveux. Les vents, les éclairs, une
nuit, un tonnerre bouroulouloulou, bourou-
lou, la tempeste finira par une entrée de Ful-
cions ; C'est dequoy on n'a pas encore
ouy parler sur le Theatre, & où sans vani-

té je me suis surpassé : Point de tretous,
point de sirenes, cela est trivial, mais des
monstres les plus singuliers, parmy les-
quels je ne laisseray pas de mesler une
danse galante de petits poissons, jusques
aux marquereaux & aux solles,

Afin qu'Enoas le pieux,
Regardant tristement les Cieux,
Lasche ces piteuses paroles,
Je seray donc mangé des solles.

Je ne vous parle point de la chasse des
cerfs, des harpies, de sa descente aux Enfers ; car un Opera sans lutins, sans ombres, sans furies & sans Enfers, ne vaut
pas le Diable ; mais sautons le reste du
Prologue, premier Acte, la fondation de
Rome. Romulus l'a fait bastir, trouppes
de Maçons & de Charpentiers ; il établit
le Senat, on verra paroistre avec de lon-
gues barbes, & de larges robbes fourrées
cent hommes venerables a qui je fais danse des Rigondons ; ce sera une danse grave
& majestueuse celle-là ; mais la plus va-
riée à mon gré, & que j'ay choisi sur toutes
pour vous faire voir aujourd'huy, c'est
celle qui represente l'enlevement des Sabines ; Vous y verrez un Romulus, dont
j'ose me flatter que vous serez contente,
& que vous avoüerez que tout ce que

l'art peut produire.... Mais-Monſieur des
Rondeaux paroiſt ; c'eſt à moy de me
taire.

SCENE XVI.

DES RONDEAUX , LES AMANS
habillez en Romain. LES TROMPET-
TES *en Sabines.* JULIE, ANGELIQUE,
MARIANE , LA RIVIERE,
TOINETTE.

DES RONDEAUX.

Vous voyez, Madame, des perſonnes
qui vont faire tous leurs efforts pour
vous plaire.

TOINETTE.

Ah ! mon Dieu, quels Careſmes prenants.

LA RIVIERE.

Tais-toy, veux-tu tout gaſter.

JULIE.

Il eſt vray que voila des figures extraor-
dinaires.

LA RIVIERE.

Vous jugez bien , Madame, que ce ſont
des hommes , tous les Operas du monde
ont commencé ainſi.

TOINETTE.

Hé bien masles ou femelles, pourquoy diantre estes-vous allez prendre de ces pensées entripaillées.

LA RIVIERE.

Pour entrer dans l'esprit du Poëte, ma mie, mais j'ay tort de répondre à une ignorante ; c'est Monsieur qui me presse tous les jours d'imiter la Nature.

DES RONDEAUX.

N'ay-je pas raison.

LA RIVIERE.

Pour une danse de Nymphes & de Bergeres, je choisis des personnes effillées, de belle taille, de modeste embonpoint, là entre gras & maigre ; Mais pour exprimer la grossiereté des Sabines, il falloit pour le moins des creatures de cette corpulence ; mais ne perdons point de temps, Monsieur des Rondeaux, faites commencer.

DES RONDEAUX.

Messieurs les Violons apprestez-vous, vous serez peut-estre surprise d'entendre des paroles Gasconnes.

JULIE.

Du Gascon dans un Opera.

DES RONDEAUX.

Ouy, Madame, dans le dessein où nous

fommes de courir toute la France , j'ay
crû que je devois faire quelques Scenes
dans le langage particulier de chaque Pro-
vince ; & il y aura dans mes Operas du
Gafcon, du Normand, du bas Breton, &
du Bafque ; Mais avant que je chante,
Monfieur de la Riviere, ayez la bonté de
difpofer voftre monde.

LA RIVIERE.

Allons, Meffieurs, gay , plantez-vous
bien les mains fur les rognons , un cofté
de perruque fur l'épaule, ferme là , gour-
mandez le Theatre , point d'air emba-
raffé, beaucoup de Nobleffe ou d'impu-
dence, pas mal, pas mal ; & vous, Mef-
demoifelles, a vous courage , rengorgez-
vous , fouvenez-vous du moins de partir
de bon pied, & dés le premier coup d'ar-
chet racourciffez-moy d'abord un bras, &
eftendez l'autre avec un petit tour de poi-
gnet en dedans , déhanchez-vous gracieu-
fement , & que la tefte panche langou-
reufement du cofté du bras , que vous
eftendrez , ces airs tendres vous gagne-
ront mille cœurs ; fort bien , fort bien, à
vous le dez, Monfieur des Rondeaux.

DES RONDEAUX.

Joüez Meffieurs les Violons.

Quand l'amour fa tout per nous plaire,
Aurion tort d'y refifta,
L'oucafiou nou tourno gaire,
Coviten nou den proufita,
Tara, ra, ra, la la, la, ra la, la.

Ou danfe.

Fafes m'un bralle de fourtido,
Cadun am boftre paftou,
E fe boftro mero crido,
La Pafimaren ful tou,
Tou rou, lou lou lou, lou rou, lou lou

On recommence à danfer, & les Romains font des efforts pour enlever les Sabins.

LA RIVIERE.

Courage, mes enfans, hep ! voulez-vous boire un coup pour avoir plus de force encore : hep, en voila affez, en voila affez, fi vous alliez faire quelqu'efforts, vous ne vaudriez plus rien pour le métier où l'on vous deftine : Madame Monfieur des Rondeaux, voila une chofe que nous n'avons pas preveuë, jamais nos Romains ne pourront enlever ces Sabines.

JULIE

JULIE.

Quelles masses de chair estes-vous aller prendre:

TOINETTE.

On leur a fait aussi des tetons qui les assomment.

LA RIVIERE.

Vous ne pensez donc pas aux grands hommes, dont ils representent les Nourrices ? pouvoit-on faire jamais les mamelles, qui doivent allaiter les Maistres de toute la terre ; vouliez-vous qu'on en prit le modelle sur la maigre Nourrice de Cadimire : tenez voila une Sabine que j'ay choisie exprés pour porter les trois Herauts d'une ventrée.

JULIE.

Il faut pourtant, à quelque prix que ce soit, voir la fin de ce Ballet.

TOINETTE.

Faite enlever les Romains par les Sabines, la moindre d'elle les emporteroit toutes deux.

DES RONDEAUX.

Comme vous y allez, la belle, il ne faut pas faire de ces anacronismes dans l'histoire.

E

LA RIVIERE.

Nous perdons le plus bel endroit, demandez-le à cette Damoiselle, a qui j'en ay montré les pas.

JULIE.

Mariane & Angelique en sçavent les pas.

LA RIVIERE.

Ouy, Madame?

JULIE.

Il faut qu'elles les dansent.

MARIANE.

Nous, ma mere?

JULIE.

Ouy, vous, & tout-à-l'heure.

ANGELIQUE.

Nous n'oserions.

JULIE.

Il faut l'oser?

MARIANE.

Dispensez-nous-en, je vous supplie.

JULIE.

Non pas, s'il vous plaist.

TOINETTE.

Allez en repasser deux ou trois fois les pas dans la chambre prochaine, & dépeschez-vous?

LA RIVIERE.

Vous allez voir, vous allez voir une fin
de Ballet, à laquelle vous ne vous attendez, & qui vous surprendra assurément.

JULIE.

Je n'en doute point ?.

LA RIVIERE.

C'est mon chef-d'œuvre au moins que
cette fin ; & il y a plus d'un mois que j'y
travaille.

SCENE DERNIERE.

ORONTE, CHRISALTE, JULIE, LA RIVIERE, DESRONDEAUX, &c.

CHRISALTE *laissant tomber sa
robbe de Commissaire.*

Arrestez Messieurs les Romains, les
armes doivent ceder à la Robbe,
c'est une Sentence d'un de vos Consuls ;
Vostre enlevement n'ira pas , s'il vous
plaist, plus loin.

TOINETTE.

Que vient chercher ce diable d'homme
icy ?

CHRISALTE.

Quoy ! vous vous deffendez contre
un Commiſſaire : hola faites monter le
Guet.

UN LAQUAIS.

Feray-je auſſi monter le Guet à cheval.

DORANTE *ſe démaſquant*
& Clitandre.

Hé bien, Monſieur, puiſqu'il faut le-
ver le maſque, apprenez.

ORONTE.

Que vois-je ?

DORANTE.

Que c'eſt l'injuſte caprice de Mademoi-
ſelle qui nous impoſe cette dure neceſſité.

ORONTE.

C'eſt Clitandre, c'eſt Dorante.

CLITANDRE.

Que nous ne faiſons que ſuivre la volonté de leur pere, & que ſi Oronte eſtoi
envie....

ORONTE.

Le voicy.

JULIE *s'enfuyant.*

Hay, mon mary.

ORONTE.

Le Ciel me rend tout à-propos à ma
famille.

COMEDIE.

CLITANDRE.

O Dieux ! Oronte.

MARIANE & ANGELIQUE.

Mon pere !

TOINETTE.

Noſtre Maiſtre.

LA RIVIERE.

Voicy bien un autre branſle.

DES RONDEAUX.

Il nous faudra changer de ton.

MARIANE & ANGELIQUE.

Mon pere ce n'eſt qu'en nous jettant à
vos genoux.....

DORANTE.

Monſieur vous devez nous pardonner.

ORONTE.

Levez-vous, Meſſieurs, je ſuis informé
de tout ce qui ſe paſſe, & je voy que vous
conſervez pour mes filles des ſentimens
que j'approuve depuis trop long-temps,
pour m'y oppoſer aujourd'huy : Allons
chercher un endroit plus commode que
cette ſalle, & travailler enſemble aux
moyens de nous mettre tous en repos.

TOINETTE.

Monſieur, pour voſtre bien-venuë, or-

donnez, s'il vous plaist, à quelqu'un qu'il
m'enleve , & je continuëray mes prieres
pour vous.

LA RIVIERE.
Vien, je suis ton homme.

FIN.

PIECES

Contenuës en ce Volume.